INDEPENDÊNCIA FINANCEIRA PASSO A PASSO

REINALDO DOMINGOS

dsop editora

Autor: PhD Reinaldo Domingos

Coordenadora editorial: Laila Mascarenhas

Editora de texto: Catarina Arimatéia

Editora de arte: Marisa Corazza

Colaboração editorial: Ana Rosa Vilches

Revisoras: Ana Paula Felippe e Luzia Rodrigues

dsop editora

Rua Alba, 88 - Parque Jabaquara
São Paulo - SP - Brasil - CEP: 04346-000
www.editoradsop.com.br

Dados Internacionais de Catalogação na Publicação (CIP)
(Câmara Brasileira do Livro, SP, Brasil)

Domingos, Reinaldo
Independência financeira : passo a passo / Reinaldo Domingos. -- São Paulo : Editora DSOP, 2024.

ISBN 978-85-8276-663-7

1. Dinheiro - Administração 2. Educação financeira 3. Finanças pessoais - Planejamento 4. Poupança e investimento I. Título.

24-218894 CDD-332.02401

Índices para catálogo sistemático:

1. Independência financeira : Educação financeira : Economia 332.02401

Cibele Maria Dias - Bibliotecária - CRB-8/9427

FOTO DE CAPA: KOSTSOV/SHUTTERSTOCK

SUMÁRIO

APRESENTAÇÃO

Imagine uma pessoa que trabalha 8, 10 horas por dia. Uma vez por mês ou a cada 15 dias, ela recebe uma remuneração – seja como contratada, seja como autônoma -, paga seus gastos mensais, compra uma coisa aqui e outra ali e, sem muita surpresa, percebe que não está sobrando um único centavo para guardar. Poupar? É palavra que não existe para ela, não por ser financeiramente irresponsável e sair gastando como se não houvesse amanhã, mas por falta de dinheiro mesmo. Essa situação lhe é familiar? Já ocorreu com você, com alguém de sua família ou com um amigo? Pois bem, o problema é que existe o amanhã. Chegará a hora em que você deixará de trabalhar pelos mais variados motivos – desemprego, por exemplo. Mesmo que seja algo momentâneo, para quem não tem uma reserva financeira ou não é sustentável financeiramente, esse momento pode transformar-se em um enorme transtorno.

Aqui você aprenderá a construir uma relação saudável com o dinheiro, que o levará a obter a tão desejada e importante sustentabilidade financeira, permitindo que enfrente momentos difíceis sem sobressaltos e com independência.

Você verá, nas próximas páginas, que é mais simples do que imagina!

SUSTENTABILIDADE FINANCEIRA

Qual é a sua relação com o dinheiro?

A relação com o dinheiro começa cedo, quando recebemos algum valor da família ou até mesmo algumas moedas do troco de alguma compra de nossos pais.

A tranquilidade que tanto buscamos na vida financeira está relacionada ao equilíbrio entre o que se ganha e o que se gasta, e o modo como alcançamos esse equilíbrio pode ser traduzido em uma palavra que cada vez mais faz parte de nosso vocabulário e que muitas vezes não possui um significado claro para a maioria das pessoas: sustentabilidade.

Nos dicionários, seu significado não é muito esclarecedor: "capacidade de ser sustentável". Por isso, é importante explicar que, para algo ser sustentável, ele deve prover o melhor para o indivíduo, para a comunidade e para o meio ambiente, tanto no presente quanto em um futuro indefinido.

Nesse sentido, um modelo de desenvolvimento sustentável é aquele que concilia as necessidades econômicas, sociais e ambientais de modo a garantir seu atendimento por tempo indeterminado e para promover a inclusão social, o bem-estar econômico e a preservação dos recursos naturais.

Em termos ainda mais simples, a sustentabilidade nada mais é do que a capacidade de alcançar a perenidade, a continuidade de algo ao longo do tempo. Este conceito está ligado, portanto, à durabilidade, a algo que pode ser prolongado e que se desenvolve continuamente.

Seguindo esse mesmo raciocínio, a sustentabilidade financeira pode ser entendida como a capacidade de administrar e gerir ganhos de forma a alcançar a perenidade. Na prática, isso significa ter sempre uma reserva de dinheiro que permita realizar seus sonhos e passar com tranquilidade por momentos de instabilidade ou imprevistos. Resumindo: é a capacidade de cada um de construir uma situação duradoura de equilíbrio da vida financeira.

“Se a partir de hoje você não recebesse mais o seu ganho mensal, por quanto tempo conseguiria manter seu atual padrão de vida?”.

Espera-se que essa pergunta o leve a refletir e incentivar para uma mudança efetiva de sua relação com o dinheiro e o consumo desenfreado. A proposta deste texto é ajudá-lo a alcançar a sustentabilidade financeira. Você está disposto a seguir em frente neste desafio? Para auxiliá-lo, vamos abordar alguns pontos importantes para a sua reflexão e para seu processo de mudança.

Herança cultural

No Brasil, o descontrole financeiro é uma herança cultural, uma vez que, em geral, nossos pais e avós não foram educados para aprender a lidar com o dinheiro de maneira equilibrada e harmoniosa, a fim de alcançar a sustentabilidade financeira.

Esse é um problema que vem passando de geração para geração; contudo, vivemos em um momento mais propício para quebrar esse ciclo, mas isso só será possível com educação. Podemos aprender desde cedo o ciclo do êxito financeiro, que implica o equilíbrio e se inicia respeitando o dinheiro que se ganha e poupando antes de gastar.

Porém, essa não é a lição que a maioria dos pais e das escolas ensina às crianças, que, uma vez adultas, tenderão a cometer uma sucessão de erros em sua vida financeira. E essa culpa não é exclusiva dos pais e das instituições de ensino, já que eles também foram educados e criados de forma errônea, ou seja, sem a preparação adequada para alcançar e ensinar o caminho da sustentabilidade financeira.

Gastos são inerentes à condição humana; desde que nascemos geramos gastos. Precisamos de dinheiro para as necessidades mais básicas, como se alimentar e ter uma moradia digna; por isso, necessitamos de equilíbrio e planejamento para que os gastos, muitas vezes inevitáveis, não se tornem um problema e uma fonte diária de preocupação.

Sendo assim, a educação do comportamento financeiro, que envolve a transmissão do conhecimento sobre como alcançar a sustentabilidade, deve ser prioridade em qualquer fase da vida, e o ideal é que seja ensinada desde cedo. É comum ouvirmos que "a educação vem de berço". A frase é verdadeira e válida também para a educação financeira, já que o modo como gerimos nossos ganhos muitas vezes reflete os ensinamentos que recebemos e as lições aprendidas ao longo da vida, por meio da observação das atitudes de nossos familiares.

Por essas razões, é muito importante disseminar a educação financeira formal como a melhor maneira de promover uma administração equilibrada do dinheiro em todas as etapas da vida. Afinal, no Brasil sempre se falou muito sobre a distribuição de riqueza como uma forma de obtermos o esperado crescimento econômico sustentável, mas pouco é dito sobre ensinar a gerir e a gerar riqueza.

Contudo, esse cenário já está em transformação. Em 22 de dezembro de 2010 foi instituída a Estratégia Nacional de Educação Financeira (Enef), um esforço dos governantes brasileiros rumo ao reconhecimento da educação financeira como ferramenta de inclusão social, de melhoria da qualidade de vida e de promoção da estabilidade e da eficiência do nosso sistema financeiro.

Por meio da educação financeira, o governo federal acredita que os consumidores poderão compreender melhor a relação com o dinheiro, de modo a aperfeiçoá-la.

Dessa forma, a Enef busca orientar as pessoas a resistir conscientemente aos apelos imediatistas ao aprenderem a planejar no longo prazo suas decisões de consumo, poupança e investimento. Na prática, isso nada mais é do que a meta de alcançar a sustentabilidade financeira.

Busque o equilíbrio

Para alcançar a sustentabilidade financeira, é preciso fazer com que o dinheiro se multiplique, o que exige grande responsabilidade e uma dose diária de planejamento. A essa altura, você pode estar se perguntando como conseguirá investir se nem ao menos consegue poupar. Não desanime nem perca o foco, pois é possível, sim, alcançar a tão sonhada independência financeira.

A lição número um para o equilíbrio financeiro é ter plena consciência de seus rendimentos e os gastos, ou seja, saber detalhadamente quanto entra de dinheiro a cada mês e quais são os compromissos e os gastos assumidos. Somente com esse exercício será possível "arrumar a casa", que nada mais é do que gastar menos do que ganha.

Para isso, você deve registrar os valores recebidos a cada mês – se possível, nos 12 meses do ano –, para saber exatamente qual é a situação e, assim, refletir sobre as necessidades de adequação. Procure ser o mais fiel possível, já que estimativas costumam "maquiar" a realidade, e fique atento para não cair no erro de superestimar ou subestimar seus rendimentos.

Anotados os valores recebidos, é hora de verificar quais são seus gastos. Para isso, você deve anotar tudo o que é comprado ou pago. Mas tudo mesmo, desde miudezas, como o café e a bala, até contas maiores, como aluguel, condomínio e prestações. A ideia é que você saiba para onde vai cada centavo e possa controlar efetivamente todo o seu dinheiro.

Para auxiliá-lo nesse processo, você pode utilizar alguma ferramenta de apontamento financeiro, pois isso vai ajudá-lo a relacionar os gastos divididos por dia, valor, forma de pagamento e tipo. Há várias opções, desde planilhas até aplicativos para celular. O importante é você identificar qual supre melhor suas necessidades e, então, começar a utilizar.

Por meio desse apontamento, em pouco tempo você saberá exatamente para onde está indo seu dinheiro. Munido desse conhecimento, o momento será de ajustes. A fórmula é simples: você não poderá gastar mais do que ganha em hipótese alguma e, para isso, terá de mudar seu comportamento com o dinheiro.

As anotações diárias serão a sua maior aliada, pois com elas você constatará a enorme quantia gasta diariamente com miudezas. Valores que até então você considerava insignificantes, mas que, quando somados ao fim de cada mês, representam um dinheiro considerável. Assim você terá a oportunidade de valorizar cada centavo e pensar duas vezes antes de gastar.

É HORA DE MUDAR

Adote um novo padrão

Com a situação financeira revista, é hora de começar a poupar, e, novamente, o processo é simples. Para estabelecer seu equilíbrio financeiro, separe 10% do total de seus rendimentos antes de começar a gastar ou pagar as contas recorrentes. Isso quer dizer que, a partir de seu ganho mensal líquido, você deve gastar, no máximo, 90% de seus ganhos.

Se o seu salário líquido (o valor real que você recebe, descontados os impostos) for de R$ 1.800,00, você terá de assumir um padrão de vida de quem possui cerca de R$ 1.620,00, para arcar com todos os gastos. O cálculo é o seguinte:

Total de ganhos líquidos	R$ 1.800,00
(-) total de retenção – 10%	R$ 180,00
= saldo para adequação do padrão de vida	**R$ 1.620,00**

Para conseguir fazer essa adequação em sua vida, foque no essencial: alcançar sua sustentabilidade financeira. Nesse caminho, você deve ter consciência de que não é apenas o quanto você ganha que definirá o seu novo padrão de vida.

Compreenda que o seu padrão de consumo afeta, de maneira positiva ou negativa, sua sustentabilidade financeira e, por isso, a partir de agora é preciso ter atenção redobrada com o que compra, com a forma como compra e também com o porquê de cada compra.

O ideal é que você consiga adotar um padrão de vida um pouco inferior ao que a sua renda permite, pois esse é o segredo para ter parte do dinheiro guardado e, assim, poder criar a reserva necessária para um futuro próspero e sustentável.

Não é fácil atingir esse patamar, mas lembre-se: conscientize-se sobre a necessidade dessa mudança em sua vida. Não se trata apenas de dinheiro, mas da tranquilidade que você conquistará ao ter a reserva necessária para planejar com confiança seus próximos gastos e o seu futuro. Concentre suas energias em algo muito mais prazeroso que o dinheiro em si: a paz de espírito. Tenha sempre em mente que não importa o quanto você ganha, mas o quanto você é capaz de acumular, da riqueza gerada a partir do que você ganha.

Comece a poupar

Poupar representa o início de um futuro próspero para aqueles que desejam alcançar a sustentabilidade financeira, mas é necessário entender a diferença entre poupar e investir – essa, aliás, é uma dúvida que surge com muita frequência.

Os dicionários apresentam uma série de significados para o verbo poupar, mas, na **Metodologia DSOP** (Diagnosticar, Sonhar, Orçar, Poupar), entendemos esse termo como o ato de reter e guardar dinheiro. Investir, por sua vez, tem outra denotação: direcionar o dinheiro poupado (não gasto, retido) a algum tipo de investimento, como caderneta de poupança, previdência privada, ações, entre outros. Entendidas as diferenças entre os termos, fica mais claro perceber que, antes de investir, é necessário poupar. Você já sabe que deve viver, preferencialmente, um pouco abaixo de seu padrão de consumo, poupando, no mínimo, 10% de seus rendimentos.

A questão agora é como fazer essa reserva se multiplicar, ou seja, como fazer o dinheiro trabalhar para você. É importante que você decida rapidamente onde aplicar a quantia retida para não gastar com desejos momentâneos.

Na **Metodologia DSOP**, a escolha do tipo de investimento está relacionada ao sonho, porque é muito comum as pessoas terem dinheiro guardado, mas não saberem exatamente o destino que darão a ele. Acumular por acumular não faz sentido. Você deve guardar dinheiro com um propósito, para realizar algum sonho.

Entre os vários destinos que esse dinheiro pode tomar, o foco principal deve ser a conquista de sua sustentabilidade, que proporcionará a independência financeira tão sonhada e indispensável. Por isso, é muito importante reter 10% dos seus rendimentos totais, mesmo antes de mentalizar o seu sonho.

Caso você ainda esteja em dúvida se essa é de fato a melhor opção, perguntamos novamente: se a partir de hoje você não recebesse mais o seu ganho mensal, por quanto tempo conseguiria manter seu atual padrão de vida? Com certeza, o seu desejo é ter um futuro próspero e tranquilo, sem sobressaltos, sem dívidas ou sem cortes bruscos de gastos.

Porém, saiba que essa não é a realidade do nosso país, onde a maior preocupação de boa parte das pessoas é com o momento presente. Nossa cultura é marcada por um predominante descaso com o amanhã. Grande parte dos brasileiros não consegue se programar para viver o futuro com qualidade de vida e saúde financeira.

Por isso, esses 10% retidos (e posteriormente aplicados) serão mais importantes em seu futuro do que agora. Aposte nisso e tenha a consciência de que só o dinheiro poupado e investido é capaz de assegurar a sua sustentabilidade financeira e a manutenção do seu padrão de vida atual.

Pense nisso e responda com sinceridade: "quanto dinheiro você tem reservado para usufruir no futuro com tranquilidade ou enfrentar situações adversas e inesperadas?". Muitos podem responder que não têm nada, ou, pior, que não têm nem ideia de quanto poderia ter acumulado ao longo da vida para alcançar a tão desejada sustentabilidade financeira.

Sua relação com bancos

As instituições bancárias podem ser suas aliadas ou uma constante fonte de dor de cabeça e preocupação. Tudo depende da forma como você lida com o dinheiro e, consequentemente, com os bancos em que optou por abrir conta.

Um exemplo disso são os juros, palavra que muitas vezes é sinônimo de algo ruim e que deve ser temido. Mas não é bem assim. Da mesma forma que juros embutidos em prestações e em empréstimos podem abalar o seu orçamento, os juros de um investimento, por outro lado, podem render bastante dinheiro. Sendo assim, você pode usar os juros contra ou a seu favor.

A dinâmica é simples. Se você antecipa, ou seja, pega emprestado um valor X com o banco para comprar algo, terá de devolver à instituição X + Y, em que Y são os juros que você terá que pagar. Se, ao contrário, guarda seu dinheiro em uma aplicação, retardando o uso da mesma quantia X, terá no futuro X + S, sendo S os juros que você conquistou com o dinheiro investido.

A lógica é a da acumulação, os chamados juros compostos, mais conhecidos como juros sobre juros. Esse é atualmente o regime de juros mais usado no sistema financeiro, pois oferece maior rentabilidade se comparado ao regime de juros simples, no qual o valor dos rendimentos é fixo. Já no caso dos juros compostos, o juro incide mês a mês.

Se você tem dinheiro investido, a cada mês receberá juros sobre juros e, portanto, aumentará o seu capital. Vamos supor que você tenha depositado R$ 500,00 e receberá 1% de juros sobre esse valor. Após um mês, você terá R$ 505,00. No segundo mês, os juros de 1% incidirão sobre os R$ 505,00 acumulados, e assim sucessivamente, como segue:

Mês	Capital	Juros	Total (capital juros)
1	500,00	1% de 500,00 = 5,00	505,00
2	505,00	1% de 505,00 = 5,05	510,05
3	510,05	1% de 510,05 = 5,10	515,15
4	515,15	1% de 515,15 = 5,15	520,30
5	520,30	1% de 520,30 = 5,20	525,50
6	525,30	1% de 525,30 = 5,26	530,76
7	530,76	1% de 530,76 = 5,31	536,07

Ao final do oitavo mês, o valor acumulado será de R$ 541,43. Essa é a lógica dos juros a seu favor! O problema é que, como foi explicado, os juros também podem ser prejudiciais quando incidem sobre um dinheiro que pegamos emprestado, ou seja, sobre um valor que terá de ser pago e está aumentando a cada mês.

Evite a ciranda dos juros

Se você paga somente o mínimo do cartão de crédito, também pagará juros sobre juros, e o valor da dívida ficará maior ao longo do tempo. E, nesse caso, esse é um erro bastante crítico, já que a taxa de juros do cartão de crédito é muito maior do que a taxa de rendimento de um investimento de baixo risco, como a poupança.

Se você, por exemplo, assumir uma dívida de R$ 150,00 no cartão de crédito, a uma taxa de 9% ao mês, o montante da dívida pode chegar a R$ 4.600.000,00 em dez anos. Esse é um exemplo clássico de como os juros podem trabalhar contra você e, com muita recorrência, é um mal que aflige pessoas em todo o mundo. Sem saber o valor dos juros que incidirão mês a mês, muitos consumidores acabam perdendo a noção do problema em que estão se metendo.

Vivemos atualmente uma explosão de crédito fácil, o que poderia ser positivo quando essa é a única saída para quem precisa de determinado valor e não o possui. No entanto, com frequência torna-se mais uma fonte de preocupação, pois, se você não conseguir arcar com as prestações, o saldo devedor estará maior a cada mês, e, enquanto estiver preso a essas dívidas, estará impedido de poupar, investir e crescer financeiramente.

Um erro comum e que contribui muito com esse processo de endividamento é recorrer a empréstimos para complementar seus compromissos ou para pagar as dívidas já assumidas. Pode parecer uma saída, mas na verdade só piora a situação e o coloca cada vez mais distante de sua independência financeira.

No caso do cartão de crédito, é o pagamento mínimo mensal que o afastará do caminho da sustentabilidade. Ao pagar apenas o valor mínimo por meses seguidos, você está praticamente jogando seu dinheiro no ralo, já que sua dívida só aumentará por conta dos juros. Nesse caso, você deve abrir mão do cartão de crédito e negociar o pagamento do valor total em prestações fixas para liquidar o que deve.

A utilização equivocada do cartão de crédito também está relacionada ao limite oferecido pelas operadoras, que muitas vezes é superior à real capacidade de pagamento dos clientes. Você pode pensar: "Ora, se o banco me ofereceu um limite de R$ 5.000,00 é porque eu posso arcar com esse valor". Mas será que pode mesmo?"

Em primeiro lugar, lembre-se de que as instituições financeiras têm como mercadoria o dinheiro; assim como uma lanchonete vende lanches, o banco vende dinheiro. Os limites concedidos para os clientes costumam ser maiores do que os seus ganhos, o que pode provocar no orçamento das pessoas o temido desequilíbrio financeiro. "O seu limite está acima do que você ganha?"

De modo geral, o recomendável é ter um cartão de crédito com limite disponível de, no máximo, 30%, dos seus rendimentos líquidos. Por exemplo: se você tem um rendimento mensal de R$ 1.000,00, o limite do cartão deve ser de R$ 300,00. Nunca se esqueça dessa lição: o limite do seu cartão de crédito não deve jamais exceder o valor do seu ganho.

A negociação também é muito importante para quem busca a sustentabilidade financeira e possui dívidas; por isso, o ideal é não ter vergonha de negociar sempre que possível. Não aceite a primeira proposta que lhe apresentarem: mostre que o resultado da negociação tem de ser bom para ambas as partes e que você só poderá pagar se for uma situação efetivamente positiva para você. Afinal, de nada adianta assumir uma proposta com a qual não poderá arcar.

Você deve modificar seus hábitos de consumo. A palavra de ordem inicial é organização. Todos os gastos não essenciais devem ser cortados – lembre-se de que um pequeno vazamento pode afundar um grande navio.

Você também pode procurar entender melhor como alguns fatores da economia podem afetar o seu dinheiro. O principal deles é a inflação, que é medida pelo Índice Nacional de Preços ao Consumidor Amplo (IPCA) e influi nas aplicações com rendimento vinculado à taxa básica de juros, a Selic (definida pelo Banco Central em reuniões periódicas). É o caso da poupança e de outros fundos, dos quais falaremos mais adiante, quando tratarmos das possibilidades de investimento para o dinheiro poupado.

Desse modo, quando a inflação está alta, é mais difícil para o Brasil seguir com o seu planejamento de política monetária e atingir a meta definida para a Selic. O Banco Central trabalha com uma meta para a inflação e, sempre que esse limite corre o risco de ser ultrapassado, os juros são elevados como forma de tentar diminuir o consumo e, com isso, o aumento dos preços.

A inflação afeta o valor do nosso dinheiro, o real; sendo assim, se a moeda vale menos, o poder de compra também diminui – um exemplo simples é a ida ao supermercado.

Se a inflação está alta, o dinheiro com o qual você comprava uma porção de coisas não terá o mesmo valor no mês seguinte, ou seja, você levará para casa menos mercadorias e gastará a mesma quantia. Por isso é tão importante que o governo mantenha a inflação sob controle.

TIPOS DE INVESTIMENTO

Previdência ou poupança?

Entendida a necessidade de planejamento, equilíbrio e controle para conseguir poupar, é hora de pensar em como fazer o dinheiro retido trabalhar para você. Ser independente financeiramente não depende de quanto você ganha, mas sim de sua relação com o dinheiro e da maneira como você gasta e administra.

A chave para alcançar a independência financeira é formar uma poupança segura e sustentável, que dure a vida toda, garantindo assim seu padrão de vida sem a dependência de seu ganho mensal. Isto é, você deverá ter um volume de dinheiro guardado que renda, por meio dos juros, o valor necessário para pagar os seus gastos atuais (e futuros) mesmo sem trabalhar. Esse deve ser o seu objetivo a partir de agora.

A seguir, observe um exemplo simples para animá-lo e provar que conquistar R$ 1 milhão é possível para quem começa a poupar cedo e possui disciplina. A conta é fácil: se você guardar todo mês, durante 30 anos, pouco mais de R$ 618,00, a uma taxa de 0,7%, terá alcançado R$ 1 milhão.

Para alcançar a independência financeira, é preciso acumular uma reserva que possa render o dobro do seu padrão de vida. Por exemplo: uma pessoa com um padrão de vida cujo valor mensal é de R$ 1.000,00 terá de obter um rendimento mensal de juros no valor de R$ 2.000,00, ou seja, o dobro do custo de vida. Assim, garantirá sua sustentabilidade financeira, desde que respeite seu padrão real de vida, neste caso, de R$ 1.000,00, deixando os outros R$ 1.000,00 acumulados na reserva financeira, que vai aumentando mês a mês. Nesse exemplo, com rendimentos mensais de R$ 2.000,00, o montante a ser acumulado deverá ser de R$ 312.000,00, e para isso será necessário poupar mensalmente por 30 anos o valor de R$ 218,00 com juros de 0,65% ao mês.

É claro que, quanto mais cedo a pessoa começa a poupar, mais fácil será para ela alcançar a sustentabilidade financeira. Enquanto não se tem uma família e/ou uma casa para sustentar, a recomendação é poupar ao menos 30% dos rendimentos mensais.

No entanto, a idade e a situação financeira atual não devem ser usadas como desculpa. Basta um pouco de persistência e determinação para alcançar a independência financeira. É importante analisar as diversas opções de investimento e seguros antes de optar pelo melhor destino para o dinheiro poupado.

A maior parte da população contribui mensalmente com a Previdência Social, via Instituto Nacional do Seguro Social (INSS), que garante ao contribuinte ou à sua família a manutenção de sua renda em caso de morte, doença grave, prisão, gravidez, acidente ou velhice. Mas o valor retido quase sempre não é suficiente para bancar o padrão de vida com o qual as pessoas estão acostumadas. Isso porque a maioria contribui apenas com o percentual mínimo, entre 8% e 11%, que é o valor descontado obrigatoriamente todos os meses de quem trabalha com carteira assinada.

O problema é que, com o passar do tempo, o valor pago para a Previdência Social fica defasado em relação ao valor do salário. Isso quer dizer que a quantia a ser recebida do INSS será bem menor do que o necessário para manter o padrão de vida que se tinha anteriormente.

Por isso, uma das escolhas para investir o dinheiro retido pode ser a previdência privada. Ela é a opção para quem busca um sistema que proporcione uma renda mensal no futuro, principalmente quando a pessoa já não quer – ou não pode – trabalhar. É uma alternativa que pode complementar a Previdência Social para garantir um futuro financeiramente estável.

No Brasil, há basicamente dois tipos de plano de previdência: a aberta, que pode ser contratada individualmente por qualquer cidadão em seguradoras ou bancos; e a fechada, destinada a grupos, como funcionários de uma empresa, sindicatos e entidades de classe. Nesse segundo caso, o mais comum é que o funcionário contribua mensalmente com uma parte de seu salário e a empresa banque a outra metade.

Outra opção que atrai muitos brasileiros é a caderneta de poupança, o investimento mais tradicional, conservador e popular do país. As principais vantagens da poupança são a liquidez imediata (o termo liquidez é usado para designar a capacidade de um investimento se transformar rapidamente em dinheiro vivo) e a possibilidade de retirada do dinheiro a qualquer hora. Outro atrativo é o fato de a poupança ser uma transação de baixo risco, ou seja, a possibilidade de você perder todo o dinheiro aplicado ou parte dele é pequena.

Lembre-se, porém, que valores mantidos por menos de um mês não recebem remuneração. Isso porque a caderneta de poupança calcula o rendimento de uma conta de acordo com o período de um mês (aniversário), que começa correr a partir do dia em que o dinheiro é depositado até a data em que ele é remunerado. Portanto, se você fizer resgates, ou seja, tirar parte do dinheiro depositado na sua poupança, a orientação é fazer sempre no dia do aniversário ou depois dele.

A poupança se diferencia ainda pela isenção de Imposto de Renda (IR) para pessoas físicas. A desvantagem é que, por ser uma aplicação altamente conservadora, o rendimento é menor se comparado a outros investimentos, até mesmo no caso de outras aplicações de baixo risco.

Títulos de renda fixa e públicos

O Certificado de Depósito Bancário (CDB) e o Recibo de Depósito Bancário (RDB) são títulos de renda fixa (a remuneração, ou seja, o retorno do dinheiro investido, é informada no momento da aplicação), que servem como captação de recursos para os bancos. Eles são como empréstimos que você faz para as instituições financeiras em que possui conta.

A aplicação inicial, que é o dinheiro que você deve depositar, varia de banco para banco, mas o valor costuma ser maior do que o necessário para abrir uma caderneta de poupança. No CDB e no RDB, você ganha com os juros pagos pela instituição bancária pelo "empréstimo" do dinheiro ao fim do término do contrato. Assim como a caderneta de poupança, é um investimento com baixo risco, já que é uma aplicação de renda fixa.

A diferença entre CDB e RDB é que o primeiro permite a negociação do título antes da data de vencimento (quando o banco paga ao investidor), isto é, você pode ter de volta seu investimento a qualquer tempo, mas perderá remuneração. Já no RDB, o resgate só é vantajoso se realizado depois do prazo mínimo da aplicação, que varia de 1 dia a 12 meses, dependendo do tipo de rentabilidade escolhido. Você pode retirar seu dinheiro antes do prazo mínimo, mas sem nenhum rendimento, sem ganhar nada com o investimento.

As vantagens desses títulos de renda são a possibilidade de negociar as taxas de remuneração de acordo com o valor aplicado e, assim, conseguir maior rentabilidade. As taxas podem ser prefixadas (nessa modalidade, você saberá desde o início da aplicação o valor de seu rendimento), pós-fixadas (nesse caso, o rendimento é calculado somente ao fim da aplicação) ou flutuantes, que são aquelas indexadas às taxas de Certificado de Depósito Interbancário (CDI) e à taxa Selic.

Ao contrário da caderneta de poupança, nesses casos há incidência de IR em função do prazo da aplicação. Quanto mais tempo o dinheiro ficar investido, menor será a alíquota, isto é, menor será o valor pago ao Imposto de Renda. A semelhança com a poupança é que, no caso de falência do banco, o Fundo Garantidor de Crédito garante ao investidor parte do valor investido ou até sua totalidade.

Outra opção de investimento são os Títulos de Tesouro Direto, popularmente conhecidos como Títulos Públicos. Essa modalidade faz parte de um programa de investimento criado pela Secretaria do Tesouro Nacional para custear gastos públicos e é responsável por emitir e controlar os títulos. Tem semelhanças com o CDB e o RDB, mas, nesse caso, você estaria emprestando dinheiro para o governo federal, e não para uma instituição bancária.

Os Títulos Públicos podem ser emitidos por governos municipais, estaduais e também pelo governo federal. O "empréstimo" é utilizado para financiar atividades nas áreas de educação, saúde e infraestrutura, além do pagamento da dívida pública. Os títulos possuem diferentes prazos e rentabilidade, e podem incluir desde juros prefixados (quando você já sabe desde o início quanto vai receber) até vínculos com a taxa Selic (nesse caso, o investidor só saberá ao certo quanto irá receber ao fim da aplicação).

A aplicação inicial deve ser de, no mínimo, 20% do preço do título a ser comprado, valor que é de aproximadamente R$ 100,00. Já as vendas dos títulos, ou seja, o resgate do dinheiro, só pode ser realizado em dias da semana e em horários predeterminados.

O maior diferencial dos Títulos Públicos é que, mesmo sendo um investimento de baixo risco, eles possuem maior rentabilidade do que outras opções conservadoras, a exemplo da poupança. Além disso, você pode comprar diferentes títulos, construindo assim uma carteira diversificada de prazos e rentabilidade.

Já a desvantagem é a incidência de Imposto de Renda e, no caso de aplicações com prazo inferior a 30 dias, de Imposto sobre Operações Financeiras (IOF) – lembrando que, apesar de existirem títulos com vencimentos de curto prazo, esse tipo de aplicação é mais indicada para investimentos a médio e longo prazos, que devem ser a aposta de quem busca a sustentabilidade financeira.

Os Títulos Públicos podem ser comprados na internet, em instituições financeiras habilitadas para a atividade, chamadas de Agentes de Custódia. Algumas dessas instituições possuem seus sistemas integrados, ligados ao sistema do Tesouro Direto (um programa de venda de títulos públicos a pessoas físicas desenvolvido pelo Tesouro Nacional, em parceria com a BM&F Bovespa), e, por isso, são chamadas de Agentes Integrados. A facilidade é que, com a integração dos sistemas, os clientes compram os títulos diretamente no *site* de cada instituição.

Na página do Tesouro Direto (www.tesouro.fazenda.gov.br), você encontra a lista de instituições financeiras que oferecem Títulos Públicos e o *ranking* das taxas a serem pagas. Ao comprar o título, é cobrada uma taxa de negociação sobre o valor da operação, entre outras que devem ser pagas a cada semestre ou ainda no vencimento do título. Por isso, é muito importante que você se informe bem antes de optar por esse tipo de aplicação.

Aos poucos, você conseguirá identificar com mais facilidade qual é o seu perfil de investidor e qual é a modalidade mais indicada para o seu caso. A proposta aqui é apresentar as mais populares formas de investimento, mostrando que você pode ter segurança para investir seu dinheiro e colher os frutos de sua disciplina ao poupar.

Você deve ter consciência de seu objetivo. Ao buscar a sustentabilidade financeira, seu foco deve ser o futuro, sua tranquilidade e sua perenidade. Você poderá aproveitar, quando necessário, os juros de suas aplicações, mas não deve mexer no dinheiro efetivamente aplicado.

Fundos ou clubes de investimento

Os fundos de investimento são uma aplicação financeira formada pela união de vários investidores que, em conjunto, realizam um investimento financeiro cujos ganhos e gastos são divididos.

Eles funcionam como uma espécie de "condomínio", onde cada participante é proprietário de um apartamento, ou seja, cada investidor possui uma cota, uma parte do investimento. Cada cota é formada por uma quantidade determinada de títulos e valores mobiliários (que são ações e títulos públicos) e, no mínimo, 67% do patrimônio do fundo são investidos em ações negociadas em bolsas de valores ou no Mercado de Balcão Organizado.

As bolsas de valores são ambientes organizados para a negociação de títulos e de valores mobiliários de forma transparente e segura. Por isso, são utilizados sistemas eletrônicos nas negociações. No Brasil, as transações de compra e venda de ações nas bolsas de valores são realizadas por meio de outras empresas, chamadas de corretoras e distribuidoras.

Nossa principal bolsa é a Bolsa de Valores, Mercadorias e Futuros, a BM&F Bovespa, onde são negociados títulos e valores mobiliários, como ações de companhias, títulos privados de renda fixa, derivativos agropecuários (conhecidos como *commodities*), entre outros.

No Mercado de Balcão Organizado, as instituições que o administram criam um ambiente informatizado e transparente de negociação e contam com mecanismos de autorregulamentação, ou seja, elas próprias regulam sua atuação. Os investidores podem ser pessoas físicas ou jurídicas, e todos os valores são destinados à compra dos títulos na proporção do dinheiro investido pelos participantes.

Existem duas modalidades de fundos de investimentos: os fundos abertos, que geralmente existem por tempo indeterminado e nos quais podem entrar novos investidores, isto é, novos cotistas, com a saída de antigos investidores ou o aumento de participação; e os clubes fechados, em que não é permitida a entrada ou a saída de investidores e nos quais não há a possibilidade de resgate antes do encerramento do fundo.

O principal fator de risco dos fundos de investimento é a variação nos preços das ações que compõem sua carteira. Seria como se, em um condomínio, cada apartamento ou casa pudesse valer um preço diferente ao longo do tempo conforme estejam valorizados ou desvalorizados. Por isso, é muito importante que você conheça os vários tipos de fundos para optar por aquele que melhor se ajuste ao seu estilo e esteja mais próximo do retorno que espera obter.

Os fundos de investimento podem ser classificados como de curto prazo; referenciado; de renda fixa; de ações; cambial; de dívida externa; e multimercado – e existem mais divisões. Entre os fundos de renda fixa, por exemplo, os mais populares são os Fundos de Investimento de Renda Fixa (DI), que oferecem baixo risco ao investidor, especialmente quando há uma expectativa de que os juros subam.

Independentemente da modalidade escolhida, os principais benefícios dos fundos de investimento são que, unidos, os investidores aumentam o dinheiro investido e, portanto, têm maior poder de negociação. Acrescente a isso o fato de não exigirem tanto estudo e conhecimento como no caso daqueles que decidem, por conta própria, investir em ações. Isso porque quem efetivamente cuidará da gestão do fundo é um especialista, que acompanhará o mercado diariamente em busca das melhores e mais vantajosas oportunidades de investimento.

Já as desvantagens são o pagamento de Imposto de Renda sobre uma parte do lucro obtido e de uma taxa de administração, já que existe uma pessoa trabalhando com o objetivo de fazer o fundo dar cada vez mais lucro aos participantes. Em alguns casos, também são cobradas uma taxa de *performance* (cobrada sobre o que exceder determinada *performance*, ou seja, sobre o desempenho que era esperado) e de entrada e de saída.

Outra possibilidade, bastante parecida, é aplicar o dinheiro retido em clubes de investimento. Eles também são a união do dinheiro de pessoas físicas para aplicação em títulos e valores mobiliários. A principal diferença em relação aos fundos é que a responsabilidade da gestão pode ser de um dos cotistas, não sendo necessária a contratação de um especialista.

De qualquer forma, o clube deve ser administrado por uma sociedade corretora, distribuidora, banco de investimentos ou banco múltiplo com carteira de investimentos, que será responsável pelas atividades e pelos serviços relacionados ao seu funcionamento e à sua manutenção. Além disso, nenhum cotista pode possuir mais de 40% do total das cotas do clube.

Mercado imobiliário

Uma opção clássica de investimento são os imóveis, comerciais ou residenciais. Essa já seria uma alternativa para quem possui um grande valor poupado, uma vez que a ideia é que o dinheiro trabalhe para você e, nesse caso, financiar um imóvel com a finalidade de investimento pode não ser vantajoso por conta dos juros que você pagará. Isso sem falar na dívida de longo prazo que você assumiria, que é o inverso do que é proposto como forma de obter sustentabilidade financeira.

Como investimento, os imóveis podem ter a finalidade de revenda ou de aluguel. No primeiro caso, o mais comum é a compra ainda na planta, quando o valor costuma ser inferior ao de um pronto, e a posterior revenda, quando as obras já estão concluídas e o preço, por isso, é maior.

Na segunda opção, o objetivo é gerar renda com aluguel, garantindo um valor mensal e reajustando-o a cada ano, de acordo com índices definidos no contrato de locação. Além disso, "viver de renda" é o sonho da maioria dos brasileiros e uma das formas de obter a tão sonhada independência financeira.

No entanto, esse é um tipo de investimento que requer cuidado, atenção e muita pesquisa. Sendo assim, você deve avaliar uma série de requisitos e ficar atento à papelada que envolve a compra e a venda de imóveis.

Se você for comprar na planta, a primeira recomendação é pesquisar a idoneidade e a saúde financeira da construtora para evitar problemas futuros com a qualidade dos materiais usados na construção e com o prazo de entrega. No caso de um apartamento já pronto, é necessário verificar se toda a documentação do imóvel e do atual proprietário está em dia para não ter dor de cabeça depois.

Além disso, tanto no caso de imóveis na planta quanto nos prontos, você deve se informar sobre os preços praticados em cada região e as vantagens e as desvantagens das localidades onde se encontram. Outra recomendação é não pensar em atributos que são importantes apenas para você, já que o imóvel será um investimento, e não o seu futuro lar.

Considerados todos esses aspectos, destaca-se algumas vantagens do investimento em imóveis. A principal delas é que, por serem bens de consumo, eles não costumam perder valor com o passar dos anos, ao contrário, valorizaram-se de maneira significativa no Brasil nos últimos anos, principalmente nas grandes cidades. Outro diferencial são os contratos de locação, que, geralmente, são de longo prazo, o que proporciona maior segurança.

A desvantagem é que, caso você não consiga alugar o apartamento, terá de arcar com o valor do condomínio (no caso dos edifícios) e do Imposto sobre a Propriedade Predial e Territorial Urbana (IPTU), cobrado em grande parte dos imóveis. Além disso, pode ter a infelicidade de fechar contrato com um inquilino que não honra seus compromissos financeiros ou que não preserva o imóvel de maneira adequada.

Você ainda deve ter em mente que, assim como a maior parte dos investimentos, os imóveis para revenda e locação também apresentam riscos ao seu bolso. Um exemplo não tão raro é o de construtoras irem à falência, um grande problema para quem adquiriu um imóvel ainda na planta.

E, apesar de o imóvel sempre poder ser vendido, você não necessariamente ganhará mais dinheiro ou recuperará o valor investido. Isso porque o preço de um imóvel está sujeito às altas e às baixas do mercado e, talvez, no momento da venda, você não encontre alguém disposto a pagar o preço que estiver pedindo.

RUMO À ESTABILIDADE

Mudança de hábitos

Agora você já tem informações suficientes para poder escolher com segurança a melhor forma de fazer sua reserva de dinheiro render de forma a conquistar sua sustentabilidade financeira. Mas não pense que esse processo de mudança de hábitos acabou.

É importante que você tenha consciência de que o equilíbrio financeiro também depende da redução dos pequenos gastos, que, na verdade, são os cortes mais fáceis. Afinal, o café em uma padaria no fim da tarde e a *pizza* de domingo podem muito bem ser reduzidos sem prejuízo para a sua qualidade de vida, e isso não significa que você não pode mais tomar um café ou comer uma *pizza*. Para finalmente alcançar a independência financeira, sugerimos a moderação. Por exemplo: tome café na padaria, mas não todos os dias, e peça *pizza* somente a cada 15 dias. Os valores poupados apenas com essas atitudes de redução já serão consideráveis no longo prazo.

Tudo é uma questão de reunir coragem, força e informação para romper o ciclo do endividamento, das compras por impulso e dos gastos desnecessários. Somente tomando as rédeas da sua vida financeira, você conseguirá olhar para a frente e partir em busca da tão sonhada independência financeira.

Paralelamente, promova uma verdadeira reflexão sobre o seu estilo de vida e padrões de consumo. Você deverá manter um padrão de vida sustentável, que lhe permita estar na posição de poupador em vez de estar na de devedor. Isso significa que, se você possui muitas dívidas, deve estar vivendo fora de seu padrão de consumo.

Para ser sustentável, é necessário viver em sua realidade, já que é disso que dependerá a sua saúde financeira. No entanto, muitas pessoas estão acostumadas a viver na corda bamba por assumir compromissos com os quais não podem arcar.

E essa é a atual situação de boa parte dos brasileiros, que coloca os filhos em escolas cuja mensalidade está acima de seu padrão de renda e que realiza compras com prestações a perder de vista.

E o problema não é somente esse. A maioria da população não possui o hábito de pesquisar e acaba gastando mais por pura falta de iniciativa, por não procurar saber quanto custa determinado produto em cada loja. Talvez essas pessoas pensem que não vale a pena perder tempo pesquisando para poupar apenas alguns poucos reais. Mas a verdade é que qualquer real economizado é válido; além disso, de real em real, a quantia poupada é significativa. Você sabia que a diferença de preço de um mesmo eletrodoméstico pode variar até 60% em diferentes estabelecimentos?

Por isso, nunca deixe de pesquisar preços antes de fazer uma compra, pois esse hábito, que deve ser incorporado em seu dia a dia, é um dos pilares para alcançar sua sustentabilidade financeira.

Mantenha o controle

A conquista da independência financeira inclui também o controle do orçamento familiar, dos seus gastos e os de sua família. Você deve "arrumar a casa", deixando todas as contas em dia e passando a gastar um pouco menos do que ganha.

Pode não ser fácil no começo, mas, com todas as recomendações e os aprendizados que você acumulou com esta leitura, com certeza o caminho será menos árduo. Para que a transformação aconteça, é importante envolver todos os seus familiares, incluindo seus filhos, independentemente da idade deles, nesse novo ciclo.

O apoio, a compreensão e o engajamento de todos são imprescindíveis para o êxito dessa empreitada; por isso, envolva sua família nesse novo modo de vida, mais responsável e rumo à segurança financeira.

Nada é mais importante do que garantir sua independência financeira, o que na prática significa ter o seu padrão de vida assegurado caso lhe faltem os rendimentos mensais. Isso é investir na sua educação financeira que, como vimos, ainda é um tema muito incipiente no Brasil. Agora você possui as chaves e os mecanismos necessários para essa mudança tão positiva e descobrirá que ter segurança financeira é um dos principais fatores de felicidade, já que estará mais tranquilo em relação ao seu futuro e ao de sua família.

As condições de vida mudam quando menos se espera, portanto, você deve estar preparado para esses desafios, para momentos em que possa perder o emprego, em que o salário ficar defasado ou ainda quando gastos inesperados surgirem.

E não é somente em situações ruins que a sustentabilidade financeira é uma aliada: você pode precisar de dinheiro para uma viagem inesperada e que é importante para seu futuro e sua felicidade, pode desejar mudar de emprego ou, ainda, iniciar um negócio próprio, momento em que uma reserva financeira também será essencial.

Não espere uma mudança brusca de salário ou de qualquer fonte de rendimento, seja ela qual for, para começar a poupar. Sonhar com a loteria ou com uma grande herança pode ser uma fonte de inspiração para enfrentar o dia a dia, mas dificilmente tais desejos se tornarão realidade. Portanto, persiga a sustentabilidade financeira de acordo com suas possibilidades, adotando mudanças simples em seu orçamento e sempre poupando ao menos 10% de seus rendimentos todos os meses.

É possível desenvolver hábitos financeiros saudáveis em qualquer nível de renda, mas é preciso poupar no presente para colher no futuro.

Você é o responsável pela gestão de sua vida em todos os aspectos, e não é diferente no quesito dinheiro. Ao longo deste guia, foram apresentadas a você diferentes opções de investimento, mas descobrir qual é a mais adequada aos seus planos e desejos futuros é tarefa sua, para a qual você pode contar com a ajuda de amigos, especialistas e, em especial,o gerente do seu banco. Ele conhece bem como é sua vida financeira e quais são seus gastos, e pode orientá-lo na escolha do melhor investimento ou, ao menos, explicar as opções viáveis para o dinheiro que você poupa mensalmente.

O melhor lugar para você aplicar depende de quanto você possui e de quanto tempo pretende deixar o dinheiro aplicado. O ideal é não se arriscar, por isso não apresentamos aqui a opção de investir diretamente em ações na Bolsa de Valores, já que esse é um investimento de maior risco. Investir em ações pode ser associado a comprar parte de uma empresa: se ela obtém lucro, as ações valorizam-se e, ao vendê-las, você ganhará dinheiro; mas se a empresa tiver prejuízo ou até falir, o dinheiro investido em suas ações será perdido.

Por isso, lembre-se de que seu dinheiro é conquistado com muito suor e dedicação e merece todo o seu respeito. Ele não aceita desaforo! Todo cuidado é bem-vindo! Nesse sentido, paciência e perseverança são as palavras de ordem!

Você deve optar por um investimento no qual poderá retirar o valor investido sem perder parte expressiva dos rendimentos, sendo assim, reflita bastante sobre seu estilo e perfil de futuro investidor. Você pode ser uma pessoa mais conservadora, que não costuma e não gosta de correr riscos e que, portanto, não vai apostar em investimentos que não possuam maior segurança.

Pode ainda ter um perfil moderado, aceitando correr alguns riscos, mas sem entrar de cabeça em situações inseguras. Nesse caso, pode investir parte de seu dinheiro em aplicações mais conservadoras e a outra parte em investimentos de maior risco, mas que, por isso mesmo, podem garantir rendimentos melhores.

Agora, se o seu perfil for arrojado, ou seja, de uma pessoa acostumada a apostar em situações em que não há a certeza do resultado, a opção pode ser investir em aplicações de maior risco e com retorno superior.

Cabe a você, depois de pesquisar e entender as regras do jogo, decidir qual será o caminho a ser percorrido. O que você não pode é se desviar da linha de chegada. Daqui para a frente, utilize com coragem e disciplina os ensinamentos e os conhecimentos adquiridos, e sempre que precisar retome esta leitura para se inspirar.

Sua recompensa logo aparecerá e, bem antes do que você imagina, será possível olhar para a frente e enxergar um novo e amplo horizonte, rumo à estabilidade financeira, à paz de espírito e à realização plena de seus sonhos.

Chegou a hora de abandonar a postura que nós geralmente adotamos de esperar que um "familiar protetor" apareça do nada para resolver nossos problemas; em vez disso, tome as rédeas de sua vida financeira! Lembre-se de que a transformação verdadeira depende de você, da mudança de hábitos e comportamentos relativos ao dinheiro, e isso está diretamente relacionado à sua capacidade de enxergar o dinheiro como meio, e não como fim.

Você não precisa de soluções mágicas para viver bem financeiramente, apenas do conhecimento de algumas técnicas, além, é claro, de três aspectos: atitude, disciplina e perseverança. Esteja certo de que, agindo da forma correta e respeitando o dinheiro, a prosperidade será o seu destino e os bons ventos da educação financeira soprarão sempre a seu favor. Agora, já foi dada a largada para a sua independência financeira. Nos vemos na linha de chegada!

O Autor

Reinaldo Domingos

Pioneiro na área de Educação Financeira no Brasil e criador de uma metodologia que já ajudou milhares de pessoas a retomar as rédeas de sua vida financeira, o PhD Reinaldo Domingos nasceu em uma pequena cidade do interior de São Paulo, Casa Branca, e foi lá que deu os primeiros passos de sua vida profissional. Primeiro, como auxiliar de camelô – queria conseguir dinheiro para comprar uma bicicleta –, depois, como técnico em Contabilidade.

Mas seus sonhos ultrapassavam os limites da pequena cidade. Já em São Paulo, cursou Contabilidade, dessa vez como ensino superior. Quatro anos depois, abriu sua própria empresa na área, a Confirp, e a seguir uma empresa de contabilidade digital.

Tudo ia muito bem, mas a mente inquieta e curiosa de Reinaldo Domingos, que na época já era referência na área financeira, queria mais. Decidido a compartilhar suas experiências com o público, escreveu o livro *Terapia financeira*, *best-seller* com milhões de exemplares vendidos, em que apresentou a **Metodologia DSOP**, baseada em quatro pilares: Diagnosticar, Sonhar, Orçar e Poupar. Esse livro foi o primeiro de uma longa série sobre Educação Financeira, tanto para o público adulto quanto para crianças e adolescentes.

Entre as obras publicadas, estão as coleções: Sonhos, Diversão, Educação Financeira, Menino do Dinheiro e Turma do Nico, com destaque para *Diário dos sonhos* (PNLD 2022) e *Menino do Dinheiro em cordel* (PNLD 2018). É coautor de *Juventude Plural; projeto de vida* (PNLD 2021), autor de *Meu* pet *cabe no meu bolso* e também de uma coleção com os personagens da Turma da Mônica, em parceria com Mauricio de Sousa. Em seu portfólio, constam ainda obras para o segmento internacional, como *School Camp*, *The Camp*, *Journal of Dreams* e a série Money Boy.

Uma vida dedicada à Educação Financeira: de Casa Branca, quando conquistou a primeira bicicleta com seu trabalho, para além das fronteiras do país.

www.dsop.com.br

dsop
editora